Serie de preparación para los sacramentos de Liguori Publications

El Bautismo de su bebé

Antonio Ramírez de León

LIBROS LIGUORI

Imprimi Potest: Harry Grile, CSsR, Provincial de la Provincia de Denver Los Redentoristas

Imprimatur: "Conforme al C. 827, el Reverendísimo Edward M. Rice, obispo auxiliar de St. Louis, concedió el Imprimátur para la publicación de este libro el 28 de mayo de 2014. El Imprimátur es un permiso para la publicación que indica que la obra no contiene contradicciones con las enseñanzas de la Iglesia Católica, sin embargo no implica aprobación de las opiniones que se expresan en la obra. Con este permiso no se asume ninguna responsabilidad".

Publicado por Libros Liguori, Liguori, Missouri 63057

Para hacer pedidos llame al 800-325-9521.
Liguori.org

Libros Liguori, una corporación sin fines de lucro, es un apostolado de los Padres y Hermanos Redentoristas. Para más información, visite Redemptorists.com.

Impreso en Estados Unidos de América

29 28 27 26 / 7 6 5 4

Primera edición

Diseño de la portada: Mark Bernard
Imagen de la portada: Shutterstock

Contenido

Introducción

SHUTTERSTOCK

El día del Bautismo de tu bebé es un día de luz, de alegría y de amor. Así es, este día representa tanto para papás como para padrinos un momento de regocijo, de fiesta y de convivio. ¿Por qué? Porque celebramos –y experimentamos– el gran amor que Dios tiene por tu bebé, por ti y por todos nosotros. Ten presente además que este día contiene un profundo significado de vida, más aún, de vida nueva que hace posible que todos podamos volver a nacer. ¡Vaya oportunidad tan enorme! Este día es un día de nuevos comienzos, no solo para el bautizado, sino para todos nosotros. Por eso es importante vivir este sacramento con conocimiento, apertura y verdadera participación. El objetivo de este pequeño manual es ayudarte a ti, mamá y papá, madrina y padrino, a comprender mejor este maravilloso sacramento. Nuestro principal propósito es que, conforme participas en el Bautismo de este bebé *¡experimentes por gracia de Dios la renovación de tu propio Bautismo!*

Esperamos que gracias a este pequeño manual, puedas comprender y estar más dispuesto, si cabe, a la experiencia del amor de Dios que se hará palpable en este día.

Este es el día en que, además de tu bebé, todos los adultos involucrados (tú, tu pareja, los padrinos y las madrinas), podrán profundizar en la fe y renovar su propio Bautismo. Pues es un hecho que, cuando nuestro Bautismo tuvo lugar, nosotros éramos aún muy pequeños como para dimensionar lo que estaba por realizarse.

Preguntas para el diálogo y la reflexión personal

- ¿Qué es un sacramento?
- ¿Qué sucede en el sacramento del Bautismo?
- ¿Por qué quieres que se bautice tu bebé?

El plan original del amor de Dios

La mayoría de los católicos ha oído hablar del pecado original. Es más, muchos responden que el Bautismo es solo para quitar el pecado original, y con esa intención bautizan a su bebé. Sin embargo, es posible que el pecado original nos quite de vista otro elemento sobre el que quiero llamar la atención: "¿Has oído hablar de la "bendición original?".

Inmediatamente después de nuestra creación todos éramos buenos, es más "muy buenos" tal y como lo dice el libro del Génesis. Todo lo que Dios creó es bueno, pues Él es la bondad y la belleza misma. Así es, el plan original de Dios es un plan de amor. En efecto, la Biblia comienza narrando que la creación comenzó a existir en un estado de bondad. Todo era bueno. En la Biblia se nos dice que Dios nos crea a nosotros, los humanos, a su "imagen y semejanza" ¿Te das cuenta de tu valor y gran dignidad? Dios nos creó y nos dio un lugar donde todo cuanto existía estaba en completa armonía y paz. Ese es el sentido del "jardín" o "paraíso" donde Dios puso al ser humano, hombre y mujer, creados a su imagen y semejanza, para que pudieran gozar y estar en comunión con Dios mismo. De la misma manera, el ser humano se encontraba también en un estado de paz y comunión consigo mismo. En fin, toda la creación estaba unida en una gran cadena de amor. Todos éramos uno con Dios.

¿Nunca te has preguntado por qué Dios tomó la decisión de crearnos? Dios crea ¡porque es amor! y el amor busca darse por naturaleza. Dado que Dios es amor, te ama sin condiciones ¡para siempre! Y quiere compartir contigo su felicidad y su gloria. Esta es la razón por la cual Dios te creó y creó todo cuanto existe. En este sentido toda la creación es un regalo de Dios para ti y para mí. Así es, Dios no nos ama en general. Él te ama a ti, tal y como eres. Te quiere tanto como si fueras la única persona en la tierra, y quiere que experimentes su amor y su presencia.

En el principio el hombre y la mujer se sentían en paz consigo mismos, convivían en paz y estaban en contacto frecuente con Dios. Sabían que eran valiosos simplemente por el hecho de ser humanos. Lo mismo te quiere decir Dios hoy: "¡tú eres valioso, precioso a mis ojos y yo te amo! "¿Qué tiene esto que ver con el bautizo de tu hija o hijo? Pues que hoy, Dios Padre ve a tu bebé como vio al primer hombre y a la primera mujer, y le dice lo mismo que le dijo a Jesús en su Bautismo: "Tú eres mi hija amada en quien me complazco". "Tú eres mi hijo amado en quien me enorgullezco".

Aunque a veces no lo tengas presente, tú eres infinitamente valioso a los ojos de Dios. Hoy Dios te recuerda eso y te pide que se lo repitas constantemente a tu bebé. Así es, Dios quiere que con tus palabras, con tu cariño, con tu presencia y con tu sinceridad transmitas su amor a tu bebé. Este es el mensaje central del Bautismo: al recibir este sacramento nos internamos en el amor de Cristo, y consecuentemente nos convertimos en hijas e hijos amados de Dios Padre. Mira alrededor, ve la grandeza, la bondad y la belleza de lo que Dios ha creado. Luego, contempla a tu bebé y en él el amor de Dios. Esta es el hermoso mensaje que Dios te quiere dar en este día. Mensaje de amor por la creación, y muy especialmente por los hombres.

SHUTTERSTOCK

Preguntas para el diálogo y la reflexión personal

- ¿Recuerdas algún momento en que hayas experimentado personalmente el amor de Dios? ¿Dónde y cuándo fue?
- Cuando eras niño, ¿qué idea de Dios fue la que te enseñaron?
- ¿Qué imagen de Dios quisieras enseñarle a ese bebé que hoy se bautiza? ¿Cómo lo piensas hacer?

El pecado y sus consecuencias

Dios nos ama y quiere que vivamos en su amor. Sin embargo, con cierta frecuencia algo nos impide darnos cuenta de su amor, ¿qué será?, ¿será eso la causa de que a veces nos sintamos solos y vacíos?, ¿será la causa de que a veces sea tan difícil comunicarnos con nuestra pareja y estar en comunión con los demás? Si Dios nos ama ¿por qué experimentamos en nosotros aquello que dijo San Pablo?: "Realmente, mi proceder no lo comprendo; pues no hago lo que quiero, sino que hago lo que aborrezco" (Rm 7:15). Si estas son palabras de un hombre santo, entregado sinceramente a Dios, imagínate lo difícil que esto nos resulta a nosotros. Efectivamente, todos experimentamos una lucha interna en la que queremos hacer el bien y en la que, a la vez, nos vemos limitados, imperfectos y heridos. Así lo experimentamos muy a menudo, tanto que parecería que eso resuena más en nuestro interior que las palabras de amor y de esperanza que provienen del Evangelio.

Sabemos que la armonía que existía en el plan original de Dios quedó lastimada y herida en el momento en que el ser humano decidió rechazar el plan divino. Este evento lo vemos representado en el momento en que el hombre y la mujer deciden desobedecer a Dios y comen del fruto prohibido. Si lees con cuidado este pasaje bíblico narrado en el libro bíblico del Génesis, verás cómo inmediatamente después de que comen del fruto, se dan cuenta de que están desnudos y... ¡se esconden de Dios! Es por eso que Dios pregunta: "¿Dónde estás?" Esa misma pregunta te la hace Dios a ti: "¿Dónde estás?"

Por el pecado original nos desviamos, nos "salimos del radar de Dios", rechazamos su amor, y dañamos nuestra unión con Él, la unión entre nosotros como hermanos, nuestra propia unidad interna e incluso nuestra unión con el resto de la creación. Es por eso que experimentamos un "bloqueo de amor" y nos faltan "ojos para ver y oídos para oír".

Por todo esto quizá somos nosotros quienes necesitemos purificarnos tanto o más que el bebé ¿no crees? Necesitamos (quizá tanto o más que este bebé) "volver a nacer". El Bautismo tiene que ver justamente con eso: es un nuevo nacimiento ¡Es vida nueva! Sí, vida nueva para tu bebé, pero también una oportunidad para que tú vuelvas a comenzar... para que vuelvas a nacer (Jn 3:3).

Preguntas para el diálogo y la reflexión personal

- ¿Cuáles son las consecuencias del pecado que resultan más evidentes en la sociedad?
- Según tu experiencia, ¿cuáles son las limitaciones que más obstaculizan tu capacidad de amar tanto en tu relación de pareja como con tus seres queridos?
- ¿Qué imagen tienes de ti mismo?
- ¿Te conoces, te aceptas y te quieres a ti mismo?

La salvación en Cristo manifestada en el Bautismo

"¿O es que ignoran que cuantos fuimos bautizados en Cristo Jesús, fuimos bautizados en su muerte?" (Rm 6:3). Sí, el Bautismo es primero una muerte; es muerte al pecado, al hombre viejo, al odio, al resentimiento, a todo lo que estorba al amor y daña la unidad. Sin embargo, si tenemos que atravesar esta "muerte", lo hacemos para vivir, pues Cristo no solo murió, ¡también resucitó! Este es el gran misterio de la vida, misterio que nosotros, católicos, llamamos "Misterio Pascual". Un paso que nos lleva de la muerte a la vida, de la obscuridad a la luz, de la angustia a la paz. Esta es la salvación que se nos ofrece en Cristo ¡Él ya nos salvó! Ya no somos culpables, hemos sido perdonados. "Así fueran sus pecados como la grana, cual la nieve blanquearán" (Is 1:18). Jesús, al hacerse hombre, dio a los demás hombres la oportunidad de cambiar su percepción de Dios como alguien lejano y distante. Gracias a que Jesús es verdadero Dios y verdadero hombre, une en sí mismo lo divino con lo humano, al cielo con la tierra.

Por si lo anterior no llegara a ser suficientemente iluminador, hoy mismo Jesús quiere ofrecernos su salvación, tal y como lo afirma san Pablo, "este es el día de la salvación" (2 Cor 6: 2) y como Jesús mismo lo dice, según palabras de Lucas "Él me ha ungido para anunciar la Buena Nueva…Esta Escritura que acaban de oír se ha cumplido hoy" (Lc 4:18, 21).

Ve la cruz, en ella Jesús ya te ha amado y perdonado. Jesús murió por ti para darte como regalo su salvación, su perdón y una vida nueva. Quizá ahora vayas comprendiendo un poco más el sentido del Bautismo de tu hija o hijo. El Bautismo es la expresión de que Cristo Jesús te acepta, te recibe y te salva. Este sacramento simboliza la muerte, representada en el momento en que se sumerge al bebé en el agua. También simboliza su resurrección. Pero lo más importante es el hecho de que esto no es algo que únicamente estará al alcance de tu bebé, sino que es una oportunidad para que tú también experimentes de nuevo tu propio Bautismo. Hoy mueres al hombre viejo, y Cristo te libera de toda atadura, fruto del pecado original.

Escucha con atención las preguntas que se te harán el día del Bautismo. Pues las palabras que das como respuesta son palabras que le "estás prestando" a tu bebé. Por eso, es importante que respondas con la convicción de que lo quieres hacer realidad en ti mismo. Visto así el Bautismo, quizá descubras que no eres tú quien trae a su hijo a la Iglesia, sino que ¡es Dios quien te trae a la Iglesia a través de tu hijo!

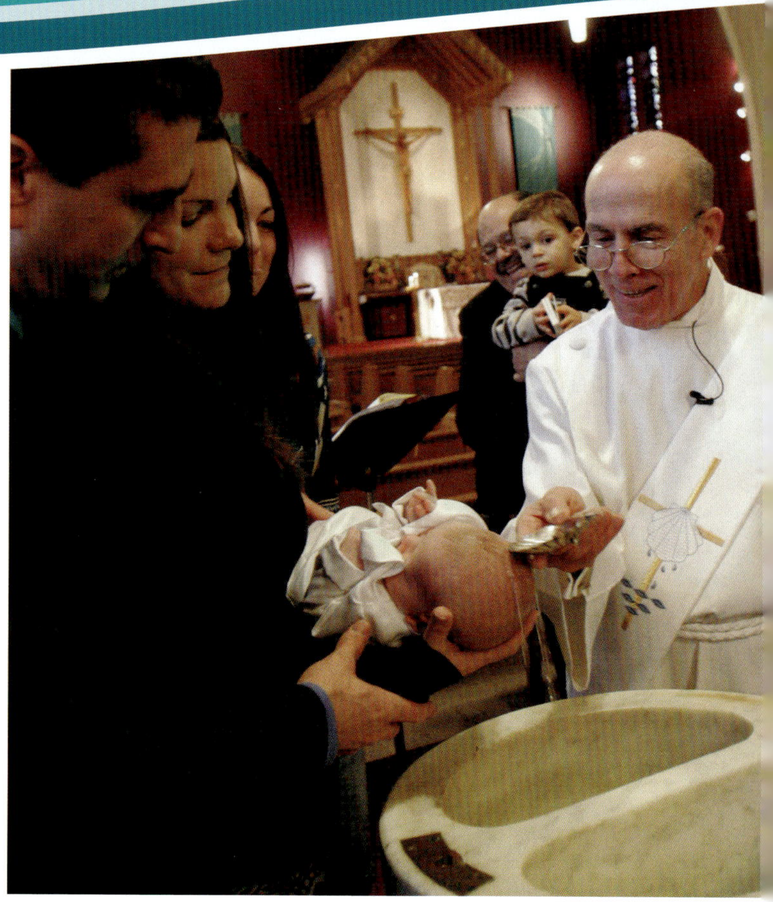

Preguntas para el diálogo y la reflexión personal

- ¿Eres consciente de la salvación que Jesús nos trae?
- ¿Cómo traduces en acciones esa conciencia de la salvación de Jesús?
- ¿En qué aspectos de tu vida hace falta aplicar esa certeza?, ¿de qué necesitas liberarte para lograrlo?

La fe y la conversión como requisitos para recibir el Bautismo

El sacramento del Bautismo es un sacramento de fe y de conversión. Pero ¿qué es la fe? Una forma sencilla de explicarlo sería decir que la fe es simplemente decirle "sí" a Jesús. "Sí te acepto, sí me adhiero a ti, sí recibo tu gracia, tu perdón y tu salvación". Desde el inicio de la Iglesia, aquellos que aceptaban a Jesús como Señor y Salvador recibían el Bautismo. La fe y la conversión son requisitos importantísimos para recibir el Bautismo. Es por eso que se le pregunta al bebé si renuncia a Satanás, a todas sus obras y a todas sus seducciones. Por lo tanto, tú que vas a responder en lugar de tu hijo, hazlo con fe pensando también en ti. Di: "¡Sí, renuncio!". También te van a preguntar si crees en Dios Padre, en Jesucristo, en el Espíritu Santo, en la Santa Iglesia Católica, en la comunión de los Santos, en el perdón de los pecados, en la resurrección de los muertos y en la vida eterna; a lo cual responderás: "¡Sí, creo!" Tu bebé "tomará prestados" tus labios para responder, y tu inteligencia y tu corazón para creer. Aprovecha la oportunidad y hazlo también a nombre tuyo, renueva tu Bautismo, renueva tu fe.

"Conversión" significa cambio. Cambio de actitud, cambio de manera de pensar, cambio de manera de hablar, es decir, un cambio profundo. Hoy Jesús vuelve a anunciar su Reino, y te invita a ti y a toda tu familia a que lo acepten y a que se decidan a mejorar. Ten presente que te asiste la gracia divina en este esfuerzo por convertirte. En efecto, como lo dice el Catecismo de la Iglesia Católica en su párrafo 1425, los sacramentos "nos han hecho santos e inmaculados ante él". A pesar de que el esfuerzo personal por la conversión seguirá siendo necesario, es un hecho que"seremos ayudados por la gracia de Dios". Por todo esto, aprovecha esta oportunidad para dejar atrás el pecado, el odio y el resentimiento, y dirígete hacia Jesús, ¡decídete a vivir el Evangelio!

Preguntas para el diálogo y la reflexión personal

- ¿Con qué frecuencia piensas en todas las bendiciones con las que Dios te ha demostrado su amor?, ¿cuándo fue la última vez que reflexionaste en ello?, ¿qué aspecto de tu vida cambió gracias a esa reflexión?
- ¿Quién es Jesús para ti?
- ¿Buscas activamente lograr un cambio en tu vida?, ¿de qué necesitas convertirte?

Signos y símbolos del Rito Bautismal

¿Qué es un símbolo? Los signos y los símbolos hacen referencia a algo. Por ejemplo: el signo de la luz roja en un semáforo nos dice que tenemos que detenernos y hacer un alto. El signo de velocidad en una carretera nos dice cuál es la velocidad máxima a la que podemos manejar. Los símbolos son algo más que la pura imagen que los describe, representan una idea. La palabra "símbolo" viene del griego. Los símbolos se emplean para representar gráficamente una idea que unifica. Por ejemplo, la bandera es símbolo de la patria. Es decir, como símbolo que es, en cierto modo la bandera nos unifica como nación y nos da sentido de pertenencia.

Dentro de las celebraciones de la fe, especialmente en los sacramentos, los símbolos y los signos no solo unifican, sino que producen lo que representan. Por ejemplo, el agua bautismal, no solo hace referencia a algo que es fuente de vida, sino que produce esa vida, y más aún, algo que puede llegar a ser vida nueva. Veamos estos signos y símbolos a los que nos referimos.

Señal de la cruz

La cruz es nuestra señal, el signo de nuestra fe. San Pablo dice: "pues no quise saber entre ustedes sino a Jesucristo, y éste crucificado". (1 Cor 2: 2).

La cruz nos da una manera muy peculiar de ver toda la realidad. Todo muere, pero todo vuelve a vivir. Fíjate en las estaciones: después del invierno viene la primavera. Siempre vuelve a salir el sol, aún después de la noche más obscura.

En efecto, el Bautismo nos recuerda uno de los signos más distintivos de nuestra fe: la cruz; que representa el amor sufriente, doloroso y, a la vez, esperanzador. El Bautismo, como todo sacramento, representa el amor infinito y apasionado de Dios. Por este aspecto sufriente del Bautismo representado por la señal de la cruz, recibimos el mensaje de un amor que se entrega, se ofrece hasta la muerte, y muerte de cruz. Por eso, si dudas de que Dios te ama a ti y a tu bebé, recuerda, solo mira la cruz.

Así es, el Bautismo es simbólicamente muerte y resurrección. Es un paso del odio al amor, del resentimiento al perdón. El Bautismo es la realidad de la cruz de Jesús y de su resurrección.

Es por esta razón por la que los cristianos comenzamos todo con la señal de la cruz, mientras decimos: "Por la señal de la Santa Cruz..., en el nombre del Padre, y del Hijo, y del Espíritu Santo. Amén".

El Agua

El agua es uno de los elementos clave en el rito del Bautismo. Ahora bien, ¿qué es el agua?, ¿qué puede significar? Pregúntate a ti mismo, y luego pregunta a los que te acompañan: "para ti ¿qué significa el agua?" Químicamente el agua es el producto de la unión del hidrógeno con el oxígeno. Imagina que estos dos elementos químicos son una pareja que al unirse íntimamente crea lo que conocemos como agua. Así pues, el agua nos sirve para comprender lo que simboliza una unión.

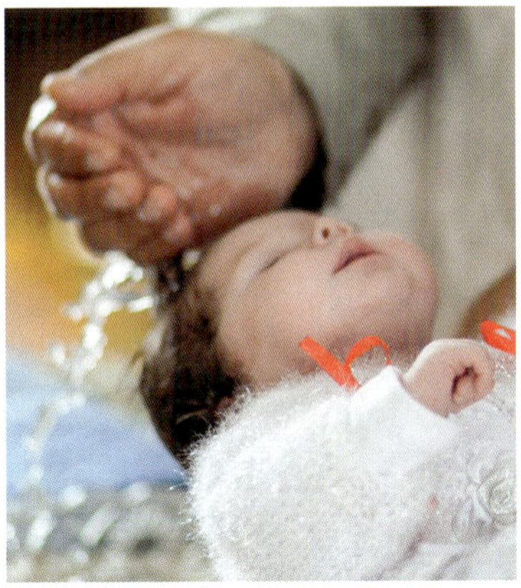

SHUTTERSTOCK

Llevándolo más a tu vida diaria, el agua representa vida, purificación, limpieza, algo fresco que uno anhela cuando tiene sed, etc. El agua es necesaria para la vida. Fíjate en el impacto que tuvo el saber que en el planeta Marte habían encontrado rastros de agua. Lo primero que esto sugiere, es ¡que en Marte hay o pudo haber vida!

En la Biblia, el agua juega un papel muy importante y significativo. Recuerda las aguas del diluvio en tiempo de Noé, símbolo de purificación; el agua que brota de la piedra cuando Moisés alienta a su pueblo sediento en el desierto. Y acuérdate de Jesús gritando en voz fuerte: "Si alguno tiene sed, que venga a mí...Como dice la Escritura: De su seno correrán ríos de agua viva" (Jn 7:37). Y finalmente la visión de san Juan en el libro del Apocalipsis donde describe la visión del "río de agua de vida... que brotaba del trono de Dios" (Ap 22:1). ¡Tantas ideas relacionadas con el agua!

¡Cuando el sacerdote o el diácono derrame agua sobre tu bebé sucederá todo esto! Dado que en el rito del Bautismo se produce vida –y vida nueva– es importante que (como papá o padrino) sumes tu fe a la de toda la Iglesia. Ten presente también que el agua bautismal es un signo sagrado por el que recibimos un beneficio espiritual, razón por la cual se la considera un sacramental.

Unción

Otro signo visible muy importante durante la ceremonia del Bautismo es la imposición del Crisma. El Crisma se utiliza para ungir, es decir, se le unta al bebé. El crisma es aceite consagrado por el obispo durante la celebración del Jueves Santo. Pero ¿por qué aceite? Veamos muy brevemente la razón del aceite en la unción religiosa.

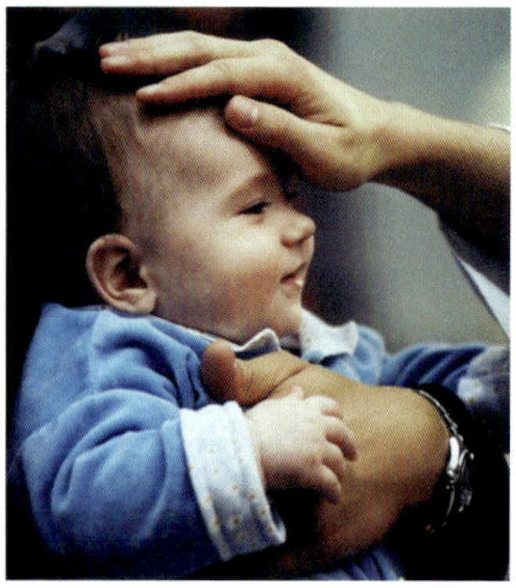

SHUTTERSTOCK

En el Antiguo Testamento vemos que en muchas ocasiones se realiza ese acto religioso de ungir a alguien. Pero, ¿a quiénes se ungía? a sacerdotes, a profetas y a reyes. Estas personas tan importantes para la religión y la sociedad judía, eran ungidas con aceite sagrado. Hoy, ¡tu bebé es también ungido! Aún más, ¡es también ungido como sacerdote, profeta, y rey! ¿A que no lo sabías? Tu bebé, al quedar unido a Jesucristo, es también ahora, sacerdote, profeta, y rey. Increíble, ¿verdad? y a la vez, ¡qué gran honor!

La misión de Jesús consistió en anunciar buenas noticias de esperanza para todos, en especial para los pobres. Esa es la razón por la que lo consideramos un profeta. De la misma manera, tú, tú bebé y todos los bautizados estamos llamados a anunciar que hay una nueva manera de vivir, donde todo ser humano es valioso y donde toda la creación es sagrada. Estamos llamados, además, a anunciar que Dios y el amor reinarán a través de nuestra entrega, de nuestra justicia y de nuestra promoción de la paz, pues en eso consiste gran parte de la Buena Nueva del Reino de Dios.

Es Dios mismo quien unge a tu bebé. Su unción representa la fuerza y el poder de Dios para cumplir tan difícil misión.

El bebé será ungido con aceite sagrado, como eran ungidos los sacerdotes del reino de Israel. Es Dios mismo quien nos distingue con el sacerdocio, somos sacerdotes, con, por y en Cristo. Vale la pena aclarar que a quienes normalmente reconocemos como sacerdotes han sido consagrados para el Ministerio del Orden. En esta ocasión no nos referimos a ese tipo de sacerdocio sino al sacerdocio bautismal.

El sacerdote representa un "puente" entre Dios y los hombres. Es intermediario del amor misericordioso de Dios. Todo hombre y mujer adquiere este mismo deber a la hora de recibir el Bautismo. Por tanto, la naturaleza de tu sacerdocio bautismal requiere, antes que nada, el ofrecimiento de ti mismo, de tu vida y de lo que ella implica: tus alegrías y tristezas, tu gozo y tu dolor, tu familia y trabajo; en fin, tu entrega total en cuerpo y alma. Implica darle por amor todo lo que eres y tienes, para la salvación del mundo y de los que más quieres. Como dice Romanos 12:1-2, nosotros mismos podemos ofrecernos junto con todo lo que vivimos, para que el Espíritu del amor, el Espíritu Santo reine en todo y en todos.

Finalmente, el bebé será ungido con aceite sagrado, de buen aroma, para también ser nombrado rey. ¡Vaya llamado tan sublime!, ¿no? Por lo tanto, si vamos a reinar ahora con Cristo, tenemos que construir ese Reino junto con Él, pues de hecho, todos los bautizados compartimos ese llamado. Este fue precisamente uno de los mensajes centrales de la predicación del Maestro. Jesús se refería a este Reino como un lugar de luz y paz; donde "la luz vence a las tinieblas" y donde "el amor siempre gana". Aprovecha esta oportunidad para renovar junto con tu bebé tu compromiso por construir un mundo mejor, donde haya justicia para todos, especialmente para los pobres, enfermos e inmigrantes. A fin de cuentas esto significa ser rey: servir a los demás a ejemplo de Cristo y en comunión con nuestros hermanos.

Vestidura blanca

La vestidura blanca contiene un simbolismo fácil de entender. El color blanco está asociado a la pureza. Representa también inocencia. La vestidura blanca representa ante todo, una vida nueva.

San Pablo nos dice que: "...cuanto fuimos bautizados en Cristo Jesús, fuimos bautizados en su muerte" (Rm 6:3). Este símbolo bautismal nos recuerda que si participamos en su muerte también participaremos en su resurrección.

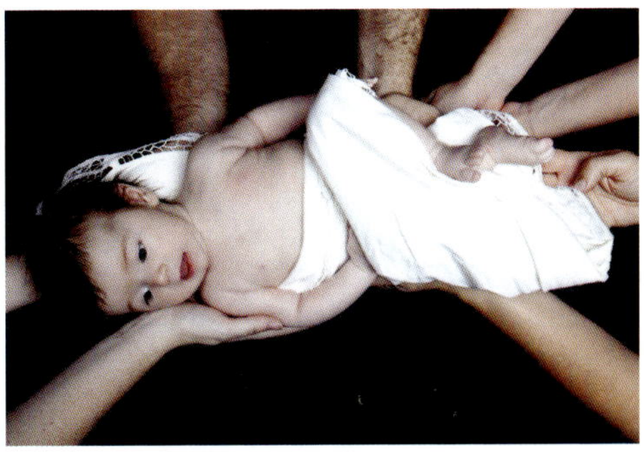

SHUTTERSTOCK

La Vela

La vela es un signo sacramental que se explica abundantemente y casi de inmediato. Aprovecha esta oportunidad para observarla y meditar en ella. ¿Qué significa para ti la luz de la vela?

Dice el Evangelio que "la luz brilla en las tinieblas" (Jn 1:5) , las tinieblas no tienen poder sobre ella. Todas las religiones del mundo utilizan velas para orar, para meditar, para mostrar que Dios es la luz. La luz nos guía en la obscuridad, la luz da esperanza cuando todo es gris, la luz nos permite ver al otro como hijo e hija de Dios. "Yo soy la Luz del Mundo" (Jn 8:12), dijo Jesús, ¡tú y tu bebé pueden hacer realidad en ustedes mismos esa afirmación de Jesús!

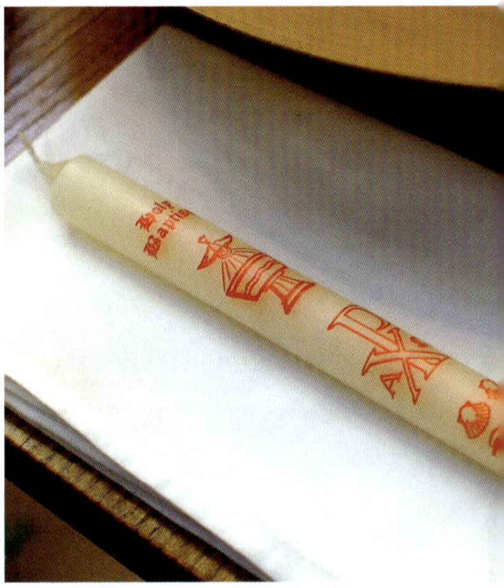

SHUTTERSTOCK

Vida nueva: el regalo del Bautismo

Jesús nos pidió que volviéramos a nacer. Pero ¿cómo podemos nacer de nuevo? Esa misma pregunta se la hicieron una vez a Jesús. La clave se encuentra precisamente en el Bautismo. Así es, en este sacramento el Señor te da la oportunidad de "volver a nacer" a través de su Cuerpo que es la Iglesia. En el Bautismo la persona muere al pecado y resucita a una vida nueva. Esto sucederá y se hará realidad en el niño bautizado. Pero también lo podemos actualizar y experimentar también nosotros, los adultos. Es por eso que el Bautismo en la Iglesia primitiva era para adultos. Los niños solo se bautizaban si lo hacían junto con toda su familia. Los papás se comprometían a seguir a Cristo y a transmitir sus enseñanzas a sus hijos. Por lo tanto, ya que el bautizo del bebé es como una semilla de vida nueva plantada en su ser, esta semilla debe germinar, crecer y dar fruto en abundancia. Aprovecha esta oportunidad para vivir el bautizo de tu bebé con conciencia, con intención y con sinceridad, y entonces también tú nacerás de nuevo. "¡He vuelto a nacer!" así es como exclaman quienes se han encontrado con Jesús en la comunidad cristiana: ¡Esa renovación se puede hacer realidad también en ti!

Preguntas para el diálogo y la reflexión personal

- ¿Has experimentado la vida nueva que Jesús nos da?
- ¿Cuál es el compromiso que hacemos cuando decidimos bautizar a nuestro pequeño?
- ¿Qué tan dispuesto estás a vivir la vida cristiana por la cual han optado tú y tu familia?
- ¿Qué aspectos de tu vida te vas a decidir a transformar?

El Bautismo y la vida en comunidad

Decíamos que el Bautismo implica "volver a nacer" a una vida nueva. Sin embargo, todo bebé necesita una familia que lo alimente, lo cuide; una familia a la cual pertenecer. Esta familia es tu comunidad parroquial. Cuando uno recibe el Bautismo, se inserta también, a través de Cristo, en la Iglesia, y más en concreto, en su comunidad parroquial. Por lo tanto, la celebración del Bautismo es un evento comunitario. Es por esta razón que ya no hay bautizos privados. Este, como los demás sacramentos, es el lugar y el momento en que, de acuerdo con el Evangelio, al menos "dos o tres" nos reunimos en nombre de Jesús. Por lo tanto es muy importante que si aún no lo haces, te decidas desde ahora, a participar más en tu parroquia. En la misma medida en que el bebé pertenece a tu familia, así ahora ustedes pertenecen y son parte de la comunidad parroquial. El alimento que hoy esta comunidad te da a ti y posteriormente a tu bebé, es el Cuerpo de Cristo.

La Eucaristía, que es Pan de Vida se nos ofrece todos los días. Jesús se nos da en cada Misa, a través de su palabra y bajo las especies del pan y del vino. Por eso, ven con tu familia cada domingo a expresar en la Celebración Eucarística tu pertenencia al Cuerpo de Cristo.

SHUTTERSTOCK

Preguntas para el diálogo y la reflexión personal

- ¿Qué tanto te sientes parte de tu comunidad parroquial?
- ¿Participas frecuentemente y con alegría en la Misa Dominical?
- ¿Estás dispuesto a participar en algún ministerio, apostolado o actividad de tu parroquia?, ¿cuál?

Dios, Creador nuestro y Padre amoroso, gracias por el don de la vida. Recíbeme como tu hijo (a) y llena mi vida del poder creador de tu amor.

Jesús, Salvador y Hermano nuestro, gracias por indicarme el camino del amor. Acompáñame en este camino en el que me esforzaré por ser como tú—paciente, comprensivo y dulce al educar a mi hijo (a)—. Permíteme tener parte de nuevo en el gozo y la maravilla que es la niñez, donde descubrimos tu rostro en las cosas pequeñas: en los pétalos frescos de una flor, en el movimiento pausado de una oruga, en el consuelo de los brazos amorosos que me salvan de caer.

Espíritu de Dios, amigo y guía fiel, gracias por conducirme en el camino de la fe. Ayúdame a mostrarle a mi hijo el rostro amoroso de Dios durante esta vida que viviremos juntos. Ayúdame a sanarlo (la) cuando atraviese momentos de dolor y duda. Ayúdame a ocuparme material y espiritualmente de mi hijo (a), y que siempre seamos dos amigos y creyentes.

Dios—Creador, Salvador y Espíritu—Tú me has confiado la vida de este bebé. Ayúdanos a crecer juntos en todo lo que es bueno y justo. Acompáñanos en tiempos de gozo y en tiempos de dolor. Haznos saber que podemos contar contigo, incluso cuando parece que ya no te vemos. Sé—te lo pedimos—la luz y el calor de nuestro hogar y de nuestros corazones.

Amén.